はじめに

　日本列島の主要4島のひとつ、北海道。83,457km²という面積は、日本全体の約22.1%をしめており、東京都の約38倍、東北6県に新潟県・富山県を加えた面積（83,779km²）に相当する。

　北海道は大きく分けて菱形部分の胴体部と南西部の半島部に分かれ、胴体部はさらに北見山地、天塩山地、石狩山地、夕張山地、日高山脈等から成る蝦夷山系により東西に分かれる。胴体部と半島部の間には石狩低地帯があり、北海道で最も人口が集中している地域となっている。札幌市はここにある。

　さっぽろの語源は、アイヌ民族の言葉に由来するとされ、「サリ・ポロ・ペッ」（その葦原が・広大な・川）、「サッ・ポロ・ペッ」（乾いた・大きな・川）などの説がある。本州と異なる独特のアイヌ文化は、札幌から離れるが令和2年（2020）開業したウポポイ（白老郡）に詳しい。

　本書は札幌市の主要な観光地を紹介したものである。旧石器時代には人類がいたとされる北海道であるが、近代都市としてのはじまりは明治の開拓によるものである。札幌市中心部には、旧道庁である赤れんが庁舎など当時の建築物が残り、また博物館には開拓の歴史が紹介されている。

　札幌市は、いまや日本で4番目の人口を擁する「都市」であり、また広大な「自然」に包まれる札幌の調和を、その発展の歴史と共に楽しんでもらいたい。

散策&観賞
札幌市内編＋ウポポイ

札幌市について

　日本最北の政令指定都市であり、全国の市の中では横浜市、大阪市、名古屋市に次ぐ4番目の人口を有しており、北海道全体の人口の約4割弱（約36%）を占めている。

　アイヌの人々が暮らしていた蝦夷地は明治2年（1869）に「北海道」と改称され開拓使が置かれて札幌本府の建設が始まった。明治8年（1875）に最初の屯田兵が入植。札幌の建設計画は当時の開拓判官島義勇によって構想され、京都を参考にした街づくりは、創成橋東側のたもとを基点に東西の基軸を創成川、南北の基軸を渡島通（現在の南1条通）として区画割を進めていった（現在の南北の基軸は大通公園となっている）。大正11年（1922）8月1日の市制施行以来、周辺町村を編入・合併して市域を拡大していった。

　もともと「サッポロ」は豊平川にアイヌの人々がつけた名称で、その流路一帯の地名に転用されたものであるとされる。

　気候は日本海型気候で、夏はさわやか、冬は積雪寒冷を特徴としており、四季の移り変わりが鮮明だ。4月から6月は晴天の日が多く、さわやかな緑に包まれ、花が集中して咲き乱れる。6月下旬から日中暑い日もあるが、本州地方のような梅雨は見られない。7月、8月でも平均気温が20℃から25℃程度で、本州と比べると、過ごしやすい夏である。9月に入るとひと雨ごとに気温が低下し、雨量も多くなる。10月には紅葉が始まり、最低気温が0℃近くまで下がることもある。10月下旬には初雪が見られ、12月上旬には根雪となり、12月から2月の冬季は、最深積雪は約1m、ひと冬の降雪量は約5mにも達する。3月に入ると、寒気も緩み始め、春分の頃（3月20日頃）には平均気温が0℃を超え、4月上旬には根雪の終日を迎える。

　札幌の年平均気温はおよそ9〜10℃、年総降水量はおよそ1,200mm前後。

　今や北海道の中心都市札幌は、我が国の北の政治・経済・教育・文化の中心地である。

　わずか150年余の間に発展した町であるが、現在は人口も200万人弱となっている。

　緑豊かな大通公園や中島公園、ポプラ並木で知られる北海道大学や、絶景の藻岩山、清々しい羊ヶ丘展望台、全体をひとつの彫刻作品とするモエレ沼公園というように、市内は花と緑の自然に囲まれている。今人気の白い恋人パーク、市内一望のさっぽろテレビ塔もあり、時計台や赤いレンガの道庁旧本庁舎には、明治の開拓時代の面影が残る。

　年間を通じて多くの観光客が訪れるが、「さっぽろ雪まつり」にそのピークを迎える。

札幌市周辺図

至 石狩当別

百合が原公園

JR学園都市線(札沼線)

太平

栄町

JR函館本線

手稲区役所

手稲

手稲神社

新琴似屯田兵
中隊本部

新琴似

東8丁目篠路通

手稲稲積公園

新道東

手稲IC

麻生

札幌北IC

手稲警察署

北34条

新川IC

地下鉄南北線

創成川通

発寒

新川

北24条

北警察署

北区役所

東区役所前

札幌西IC

宮の沢

発寒中央

農試公園

白い恋人
パーク

八軒

北18条

北13条東

宮丘公園

発寒南

琴似

北海道大学
文

JR函館本線

札幌競馬場

北12条

東区役所

西警察署

琴似

桑園

西区役所

札幌

バスセンター前

山の手通

二十四軒

北海道庁

さっぽろ

西野神社

北1条宮の沢通

地下鉄東西線

さっぽろ

大通

大通

琴似発寒川

西28丁目

西18丁目

西11丁目

学生会館

円山公園

五天山公園

円山公園

西15丁目

大倉山展望台
ジャンプ台
札幌オリンピック
ミュージアム

西線6条

豊水すすきの

すすきの

西線9条旭山公園通

東本願寺前

山鼻9条

中島公園

中島公園

中島公園

札幌市電

中島公園前

学園前

西線11条

平岸

左股川

札幌中心部図

行啓通

幌平橋

西線14条

西線16条

環状通

静修学園前

中の島

札幌伏見稲荷神社

ロープウェイ入口

山鼻19条

幌南小学校前

さっぽろ
ばんけいスキー場

幌見峠

もいわ山ロープウェイ

電車事業所前

東屯田通

石山通

もーりすカー

藻岩山

山頂

もいわ山麓

もいわ中腹

中央図書館前

石山通

南警察署

澄川

砥石山

▲826.7

札幌市豊平川
さけ科学館

自衛隊前

N

真駒内公園

地下鉄南北線

真駒内

南区役所

0   2km

豊平川

真駒内

東海大

文

	A	B	C	D

札幌市中心部図

八軒

JR学園都市線(札沼線)

277

琴似

JR函館本線

89

八軒東中
文

札幌工高
文

北海道武蔵女子短大
文

札幌農学校第二農場学校
モデルバーン

環状線

1

276

琴似

452

石山通

札幌競馬場

平成ポプラ並木

北図書館

北海道大学
文

至宮の沢

琴似屯田兵
村兵屋跡

琴似

二十四軒公園

二十四軒小
文

文
陵北中

中央卸売市場

桑園

大野池

ポプラ並木

北海道大学
総合博物館

2

西区役所
琴似神社

北5条手稲通

二十四軒

市立
札幌病院

札幌市立大
文

153

地下鉄東西線

場外市場

文
桑園小

植北
物海
園道
大
学

3

山の手通

宮の森小
文

文 日新小

文

札幌龍谷学園高
文

札幌大通高
文

326

三岸好太郎美術館

札幌西高
文

本願寺札幌別院
卍

北1条宮の沢通

琴似川

西28丁目

文
向陵中

北海道立近代美術館

知事公園

札幌市資料館

西11丁目

西18丁目

4

円山小
文
円山公園

西15丁目

札幌医科大
文

二条小
文

中央区役所前

中央区役所

北海道神宮
卍

開拓神社

北星学園
女子中・高
文

西線6条

5

円山公園

円山競技場

円山球場

坂下野球場

縣兵?

453

旭山公園通

西線9条

N

S

0   1km

札幌市円山動物園

△141
円山

幌西小
文

文
啓明中

西線11条

6

89

文 緑丘小

札幌市電

旭山記念公園

西線14条

札幌視覚
支援校
文

6

A   B   C   D

札幌農学校第2農場

北海道大学　地図P6D2

札幌市北区北8条西5
☎011-716-2111
JR線「札幌」駅から北西へ徒歩7分
修学旅行などの団体訪問は事前申込要、HP要確認。

　東京ドーム38個分という広大な敷地に12の学部がある国立総合大学で、キャンパスはハルニレ（エルム）やポプラ並木、イチョウ並木、大野池など緑があふれている。

　北海道大学の前身は明治9年（1876）創設の札幌農学校で、明治40年（1907）東北帝国大学農科大学として大学に昇格し、大正7年（1918）北海道帝国大学に、昭和24年（1949）新制の北海道大学になっている。

　正門横のインフォメーションセンター「**エルムの森**」で、北大構内やイベント情報の案内をしてくれる。北大の見所をまとめた「キャンパスガイドマップ」や学生によるオリジナルの「ぐるぶら!北大キャンパスマップ」のほか、歴史的建造物を紹介する「歴史的資産ガイドマップ」を配布してくれる。

　「**クラーク像**」は正門から少し行ったところにあり、観光客の人気の的。構内にはクラーク像や、内観見学ができる重要文化財の**札幌農学校第2農場**、外観見学のみだが**古河講堂**（旧東北帝国大学農科大学林学教室）らの歴史的建造物がある。

　国重要文化財の「**札幌農学校第2農場**」

は、明治10年（1877）に建設された模範家畜房、穀物庫を中心とした一連の畜産経営の施設を備えて、一軒の畜産農家を模した実績・模範農場として発足した。中でも模範家畜房は1階が家畜舎、広々とした2階は干草置場となっており、北海道の風土に合った酪農業を進めるためのモデル施設でもあった。また、大正元年（1912）に建設された緑飼貯蔵庫は現存する道内最古のサイロと伝えられている。

　国登録有形文化財の**古河講堂**は白い洋風2階建ての校舎で、明治42年（1909）の建築。中央に入口を設け、左右に翼部を伸ばすルネッサンス様式の建築である。白磁タイルのモダンな建物が、周りの芝生や木立の緑に映える。

　その他、多分野の学術標本などが見られる「総合博物館」、各種植物約4,000種を保存する、広大な「植物園」（有料）、附属図書館（本館・北図書館）、大学文書館、埋蔵文化財調査センターなども訪れることができる。

　近年は学食に行く観光客も多く、学食名物の「牛とろ丼」が人気だそうだ。平日11時30分～13時は学生・教職員が多く利用するので、この時間帯での利用は遠慮すること。

2020年8月現在、新型コロナウィルスの影響で札幌農学校第2農場の屋内公開は停止中。埋蔵文化財調査センターの団体見学は事前申込要。入室は人数に制限があり、氏名・連絡先の記入が必要。状況によりいずれの施設も訪問できない場合があります。

クラーク博士と札幌農学校

　札幌農学校は、明治9年（1876）8月に設立された日本最初期の官立農学校で、現在の北海道大学の前身。明治5年（1872）開拓政策推進のために東京に開拓使仮学校が設けられ、同8年に札幌に移され、その翌年、農学を専門とする高等農学校としてスタートした。

　開校にあたって、アメリカのマサチューセッツ農科大学からウィリアム・スミス・クラーク（William Smith Clark、1826～1886）博士が招かれ、教頭としてこの地へ赴任した。

　クラーク博士は、マサチューセッツ農科大学の校則をもとに農学校の校則を編成し、学生の指導にあたった。

　敬虔なピューリタンであった博士は、当時開拓長官であった黒田清隆（1840～1900）を説得し、キリスト教の考えを取り入れた新しい教育方針を実行していった。学科の農学だけでなく、広い視野と教養をもつ人間を育成するように編成された。

　クラーク博士自らも学生と共に植物採集や実験を行うなど、学生たちによく接し、指導にあたった。

　翌明治10年4月、クラーク博士は札幌農学校を去り、帰国した。帰途に就くクラーク博士が学生に残した"Boys, be ambitious"（少年よ、大志を抱け）という言葉は永く人々の心に残り、語り継がれていった。

　彼のキリスト教精神の教えから影響を受けた第一期生からは、佐藤昌介（後の北海道帝国大学総長）らが、また一期生からそれを受け継いだ内村鑑三、新渡戸稲造といった国際人が輩出した。

北海道庁旧本庁舎（赤れんが庁舎）　地図P7E3

札幌市中央区北3条西6
☎011-231-4111
JR線「札幌」駅西通り南口から徒歩約8分、地下鉄南北線・東豊線「さっぽろ」駅10番出口から徒歩約4分、地下鉄南北線・東西線・東豊線「大通」駅2番出口から徒歩約9分
■営業時間：8:45～18:00
■定休日：無休（年末年始休）
■料金：無料

＊リニューアルのため、2019年10月1日（火）から休館中。赤れんが庁舎前庭は、7時から19時まで解放されている。リニューアル後の営業時間・料金などは要確認。

外壁の中心にある赤い星マークがシンボル。5万8千㎡の敷地内に緑に囲まれて立つ、青い屋根、赤煉瓦の建物で、前庭の池にその堂々たる姿を映している。春には桜やライラック、チューリップ、夏には豊かな緑やハマナス、秋には紅葉と、敷地内の庭には、四季の花々がたくさん咲き、散歩がてらの花見としても人気のスポットである。

ここは、明治21年（1888）にアメリカ風ネオ・バロック様式の開拓使札幌本庁舎として建てられ、以後約90年の間、北海道開拓の拠点として、「赤れんが庁舎」の愛称で親しまれてきた。

昭和43年（1968）、北海道百年記念事業の一環として修復され、同年10月に完工した。その翌年に重要文化財に指定されている。約250万個のれんがを使ったという。

内部には、代々の長官や知事が政務を執った記念室や、古文書を収納した道立文書館などがある。また、明治の札幌の街を再現したジオラマや北海道の開拓に関する絵画が飾られ、中でも、「北海道」の名付け親・松浦武四郎（1818～1888）が作り上げた26分割の北海道地図は、見応えある。

時計台　　地図P7F4

札幌市中央区北1条西2-1-1
☎011-231-0838
JR札幌駅から南へ徒歩10分、地下鉄南北線・東西線・東豊線「大通」駅市役所側出口より徒歩約5分
■営業時間：8:45〜17:10（最終入館17:00）
■定休日：無休（1/1〜1/3は休み）
■料金：大人200円、高校生以下無料

白い時計台は札幌のシンボル。アメリカ開拓時代に流行した「風船構造」という建築様式で、赤い屋根と白い壁が印象的である。国の重要文化財にも指定されている、この歴史的建造物は、明治11年（1878）に札幌農学校の演舞場として建てられ、兵式訓練や心身を鍛錬する場などに使われていた。時計台はその3年後に設置されている。

時計はアメリカのニューヨーク市のハワード時計商会にて作られた振子式のもので、今も毎正時、時を告げている。

農学校の移転により、明治39年（1906）

この時計台は札幌区が買い上げた。写真で見ると時計台だけがアップで写されているので、かなり高い建物のように見える。だが実際には周りの建物が高く、低い位置にあるので、少し拍子抜けする。しかし、その人気は高く、札幌を訪れる観光客は必ずこの時計台を訪れるという。

時計台の内部は資料館となっており、札幌市の歴史資料や札幌農学校に関する資料を展示するとともに、時計台で使われている時計と同じものがあり、その仕組みについて詳しく学べるようになっている。また、明治32年（1899）札幌農学校卒業生として初めて博士号を授与された佐藤昌介、南鷹次郎、宮部金吾の学位授与祝賀会の時の講堂の情景を再現している。夜間は音楽会、講演会、結婚式などのホールとして貸し出しをしている。

札幌ら～めん共和国　　地図P7F3

札幌市中央区北5条西2丁目エスタ10階
☎011-209-5031
JR線「札幌」駅東改札口より徒歩5分、地下鉄南北線「さっぽろ」駅北改札口より徒歩約5分、地下鉄東豊線「さっぽろ」駅北改札口より徒歩1分
■営業時間：11:00～22:00（LO21:45）
　※年末年始は営業時間が変更になる場合あり
■定休日：無休
■料金：入場無料

JR北海道グループの札幌駅総合開発株式会社が運営するJR札幌駅直結の商業施設「エスタ」10階レストラン街に、平成16年（2004）10月にオープンした北海道ラーメンのフードテーマパーク。国内有数のラーメン激戦区といわれる札幌に、道内から厳選された有力ラーメン店8店舗が集結。卒業店舗も多く、新たな各店が競い合い、味もサービスもよりハイレベル。道内名店のラーメンなどを取り揃えたおみやげショップ「札幌ら～めん開拓舎」も併設されている。フロアは昭和の町が再現され、その雰囲気も楽しめる。

大通公園　　地図P7E4

札幌市中央区大通西1～12丁目
☎011-251-0438
JR「札幌」駅より徒歩約10分、地下鉄南北線・東西線・東豊線「大通」駅すぐ、東西線「西11丁目」駅すぐ

札幌市の中心部に位置し、東西の長さが約1.5km、面積7.8haにわたる公園は、公園という名称だが実は道路。明治4年（1871）、札幌中心部を南北に分ける火防線が作られ、これが後志通という道路になり、改称されて大通となった。札幌に北海道開拓使が置かれた時代の直後からの歴史を持ち、その後近代公園の先駆

二条市場　地図P7F4

札幌市中央区南3条東1丁目〜東2丁目
☎011-222-5308
地下鉄東西線「バスセンター前」駅3番出口
から徒歩5分、地下鉄南北線・東西線・東豊線
「大通」駅34番出口から徒歩約5分
■営業時間：7:00〜18:00　飲食店街は6:00
　〜21:00（店舗によって異なる）

者といわれる長岡安平(やすへい)（1842〜1925）
の設計により整備され、平成23年（2011）
に100周年を迎えている。色とりどりの花
壇や芝生、ライラックやハルニレなど約90
種4,700本におよぶ樹木があり、札幌市
民の憩いの場となっている。

　ライラックは札幌の木にも選ばれている
市を代表する植物。大通公園には、初夏
の香りを漂わせながら約400本の花が5
月中旬〜6月上旬にかけて咲き誇り、毎年
5月下旬には、昭和34年（1959）から続
く歴史あるイベント「さっぽろライラックま
つり」が開催される。

　「さっぽろホワイトイルミネーション」は
日本で最初のイルミネーションとして昭和
56年（1981）に始まった。約81万個の
電飾が点灯される冬の札幌を彩るイベント
は、恋人たちのデートスポット、観光客の
お目当てなど人気を集めている。また、毎
年2月の「**さっぽろ雪まつり**」や毎年6月
上旬の「YOSAKOIソーラン祭り」、7月
からの「さっぽろ夏まつり」、秋9月には北
海道の食が集合する「さっぽろオータムフェ
スト」、11月からの「ミュンヘン・クリスマ
ス市 in Sapporo」など各種イベントで年
中賑わう。

　明治初期に石狩浜の漁師が石狩川を
遡(さかのぼ)り、この付近で新鮮な魚を売ったこと
が発端(ほったん)という。当初は創成川対岸の西1
丁目にあった魚売りの一部が、創成川を
渡った東側にも店を開き、13軒の商店に
よる「十三組合」ができ、今の二条市場の
はじまりとなった。明治35年（1902）市
場は大火災に見舞われ、一帯が焼け野原
となる。その後、1年近くも空き地の状態
が続いたが、有志によって再建。明治43
年（1910）には東2丁目まで伸び、市場
は札幌の名物となった。

魚の市だけでなく、次第にそば屋や居酒屋、青果店などが加わり今の賑やかな形となった。地元客が集うほか、カニやホタテなど北海道ならではの食材を買い求める観光客も多く訪れる。市場内には飲食店も多く、グルメスポットとしても人気上昇中。札幌市内中心部から徒歩で行ける距離で、周辺に個性的な飲食店、土産物店も多い。

さっぽろテレビ塔　　地図P7F4

札幌市中央区大通西一丁目
☎011-241-1131
地下鉄南北線・東西線、東豊線「大通」駅27番
出入口より徒歩5分、同1分
■営業時間：9:00〜22:00（時期、イベントにより異なる）
■定休日：設備点検日休業
■料金：大人800円、中学生・小学生400円

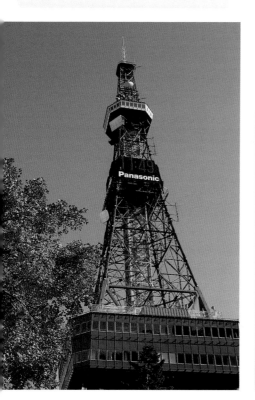

地上からの高さ147.2mの「さっぽろテレビ塔」は昭和31年（1956）12月に完成し、翌年8月に開業した。札幌の中心部にある大通公園の東端に位置し、時計台と同様に札幌のランドマークとして愛されてきた。地上90.38mの展望台からは大通公園が一望でき、大通公園で行われるホワイトイルミネーションや雪まつりの景色を眺めるのにうってつけ。天気の良い日には雄大な石狩平野や遠くの日本海も見渡せる。

また、展望台西側のテレビ望遠鏡（1回200円、2分）からは「大倉山ジャンプ競技場」「手稲山」「石狩湾」などが見渡せる。

塔の中では「テレビ父さん神社」や「テレビ父さんプリクラ」「テレビ父さんおみくじ」などゆるキャラ「テレビ父さん」グッズが人気。

塔のライトアップは日没から閉店時間まで。塔全体がオレンジ色に光り、細い鉄骨が塔の印象を繊細で優美なものにしてくれている。

テレビ父さん神社

さっぽろ雪まつり

　今では全国に知れ渡っている、冬の最大イベント"さっぽろ雪まつり"は、毎年2月5日頃〜11日頃の7日間程にかけて催され、約二百数十万人もの見物客がこの期間札幌の町を訪れる。

　厳しい寒さと雪に閉ざされるこの地に明るい話題と楽しい催しをと、市民が考え出したのがこの祭りの始まり。昭和25年（1950）に6つの雪像を地元の中高生がつくって第1回が開催され、雪合戦や雪像展、カーニバル等を合わせて開催、5万人あまりの人出で予想以上の大人気であったという。昭和28年（1953）には、高さ15mの大雪像「昇天」がはじめて作られ、昭和30年（1955）には自衛隊が参加し、大規模な雪像づくりに挑戦した。

　第10回開催時の昭和34年（1959）には、雪像制作に2500人を動員、はじめてテレビ、新聞でも紹介され、翌年からは本州からの観光客も増えて大盛況となった。以来年を追って見物客の数も増えて、日本を代表する雪まつりとなった。たくさん出店する屋台も楽しみの一つである。最近は、雪を見ない地域の外国人の方も多くなっている。

　会場はメイン会場となる市内中心部「大通公園」・氷像が並ぶ「すすきの」、雪の巨大すべり台などが並ぶ「つどーむ」（1月末頃オープン、地図P5E1）の三つに分かれ、様々な催しが行われる。とりわけ人気を集めるのが大通公園会場を中心に並ぶ巨大な雪像。大雪像の他に大氷像、世界各国の人々がつくる国際雪像や一般市民がつくる市民雪像などが並び、その年話題になった事柄や人物、キャラクターなどをモデルにしたものが会場を華やかに彩る。雪像作りに使用される雪の輸送量はトラック7千台にも及び、その規模の大きさが窺える。雪まつりが終わると危険防止のために雪像は次々と壊され、祭りの後の寂しさが漂う。しかし、雪像を壊すのを見るのも楽しいと言う人も多い。

　「大通会場」は公園なので自由に見学でき、夜は22:00までライトアップされる。「つどーむ会場」は開場時間が9:00〜17:00まで、「すすきの会場」は、すすきののメインストリートに立ち並ぶ氷像が23：00（最終日は22:00）までライトアップされる。

つどーむ

煮沸釜

サッポロビール園　地図P7G2

札幌市東区北7条東9丁目2-10
東豊線「東区役所前」駅4番出口より徒歩約10分、JR函館本線「苗穂」駅北口より徒歩約7分

　開拓使のシンボルである五稜星マークのサッポロビールが運営する施設。北海道開拓の時代に建設されたビール工場の跡地に昭和41年(1966)に誕生した。現在は工場としては稼働していないが、創業当時のレンガ造りの建物とレンガの煙突が当時の面影を色濃く今に伝えており、周りに植えられているポプラの木も雰囲気を醸し出している。園内には一年を通して多くの人が訪れており、巨大なビールの仕込み釜や大樽の屋外展示を楽しめるとともに、明治建築のクラシカルで重厚感が漂うホールでジンギスカン食べ放題ランチなどの食事も楽しめる。

サッポロビール博物館　地図P7G2

　サッポロビール園にある日本で唯一のビール博物館。ここは明治23年(1890)に外国人技師の指導により、当初は札幌製糖会社の工場として建設された。明治の面影を残す工場を利用した建物は、**「サッポロビール園開拓使館」**と共に北海道遺産に認定されている。館内では、近代日本の礎をつく

るべく活躍した開拓使の紹介から、サッポロビールの誕生、そして現在までを当時のポスター等の資料を通して学べる。展示物の中に超巨大な煮沸釜(ウォルトパン)があり、大人の身長の何倍もあるこの釜は、ビールの仕込み時に麦汁を煮沸させるもので、この工程を加えることによりビール独特の苦みと香りがつけられるそうだ。

　見学の後はお待ちかねの試飲タイム。ビールは現在のサッポロビールの主力商品「黒ラベル」と北海道限定販売の「クラシック」、創業当時の味を再現した「開拓使麦酒」の3種類。それぞれビールの色や風味、苦みが異なりまさに飲み比べを楽しめる。(見学は無料、飲み比べは有料)。ビールを飲まない人、修学旅行生には、ソフトドリンクもある(有料)。

　また、屋外の**「開拓使館煙突」**も見どころの一つで、迫力の大きさ(高さ48.5m)で人気の撮影スポットになっている。

札幌市東区北7条東9丁目1-1 (サッポロビール園内)
☎011-748-1876
■営業時間：11:00〜18:00
■定休日：年末年始、臨時休館日。毎週月曜(祝日の場合は翌日)
　※プレミアムツアーは11:30〜17:30 (30分毎に開催)
■料金：自由見学コース (所要約15分〜20分) は無料
　プレミアムツアー (試飲付、所要約50分)：
　大人500円、中学生〜20歳未満300円、小学生以下無料 (ソフトドリンク付き)

中島公園　地図P7F6

札幌市中央区中島公園1
☎011-511-3924 (中島公園管理事務所)
地下鉄南北線「中島公園」駅、すぐ
日本庭園は、9時〜17時の開園、冬期間 (11月上旬〜4月下旬) は閉園。

　日本の都市公園100選にも選ばれている「中島公園」は、すすきのの南1kmにある。南北線中島公園駅と幌平橋駅を両端にしたこの公園には、鴨々川が流れ、4月下旬〜10月上旬までボートで遊べる菖蒲池がある。そして、樹齢数百年にもなる木々といった自然の公園であり、春には藤の花、夏には青々とした豊かな緑、秋には紅葉と季節ごとに景観が異なり楽しませてくれる。更には美しい日本庭園や、外観が見られる国重要文化財「八窓庵」や「豊平館」などの歴史を感じる建造物まである。

　さらに、日本初の公立の札幌市子ども人形劇場などの楽しい施設や、札幌コンサートホール、札幌市天文台、北海道立文学館などもある。

　冬になるとクロスカントリーを体験 (札幌市中島体育センターでスキー道具の貸出無料) できるほか、雪で作られたスノーランタンが路地に並ぶ幻想的なイベント「ゆきあかり」も開催される。

八窓庵　地図P7F6

札幌市中央区中島公園1-20 (中島公園内)
☎011-511-0985
地下鉄南北線「中島公園」駅から北へ徒歩5分
日本庭園から外観は見学可能

　江戸初期、小堀遠州 (1579〜1647) が滋賀県の居城に造った茶室。

　遠州は茶人であり、また建築・造園にも優れた人で、京都二条城の造営にも携わっている。

　八窓庵は、札幌の実業家が購入し、大正8年 (1919) 札幌に移築され昭和46年 (1971) にこの地へ。

　建物は二畳台目 (丸畳二枚と台目畳一枚敷いた茶室)、草庵風の席で、屋根は切妻造、銅板葺き。八つの窓が狭い空間を広々と立体的なものにしており、光を集中させる窓の配置にも工夫がみられる。別名で「旧舎那院忘筌」とも呼ばれ、「目的を果たしたあとはそれを使った道具や手段を忘れてよい」という意味で、道具は茶道を学ぶための手段であって本来の目的を忘れてはならないという戒めの意味が込められている。(国指定重要文化財)

豊平館　地図P7F6
<small>ほうへいかん</small>

札幌市中央区中島公園1-20（中島公園内）
☎011-211-1951
地下鉄南北線「中島公園」駅から北へ徒歩5分
■営業時間：9:00〜17:00（最終入館〜16:30）
■定休日：毎月第2火曜日（祝日の場合翌日）、
　年末年始
■料金：高校生以上300円、中学生以下無料

　中島公園内に立つ白い木造りの洋館。明治13年（1880）北海道開拓使直属のホテルとして現在の中央区北1条西1丁目に建てられた。昭和33年（1958）現在地に移転され、現在では結婚式場として使用されている。高級感のある絨毯、シャンデリアなどの調度品に明治の華やかさが偲ばれる。

円山公園　地図P6A5
<small>まるやま</small>

札幌市中央区宮ヶ丘
☎011-621-0453（円山公園管理事務所）
地下鉄東西線「円山公園」駅3番出口より徒歩5分

　札幌市の西に広がる約60万㎡の自然公園で、周囲を天然記念物の原始林で覆われている。園内にはエゾヤマザクラ、ソメイヨシノなど約160本の桜が植えられ桜の名所として知られ、また市民の憩いの場としても親しまれ、毎年5月上旬には花見客、6月には「北海道神宮例祭」の参拝客で賑わう。

　もとは明治初期に開拓使が設置した樹木の試験場だったが、明治末から大正にかけて公園として整備された。広大な敷地には円山球場や円山競技場、坂下野球場などの運動施設を備え、隣接する**北海道神宮**や**円山動物園**とともに、レクリエーションやスポーツ文化の中心としての役割も担っている。

北海道神宮　地図P6B5

札幌市中央区宮ヶ丘474
☎011-611-0261（社務所）
地下鉄東西線「円山公園」駅、徒歩15分。地下鉄東西線「円山公園」駅から、JR北海道バス（円14・円15）で「北海道神宮」下車、徒歩1分
■開門時間：6:00〜17:00（時期により異なる）

　明治2年（1869）、「開拓民たちの心のよりどころに」と、明治天皇が北海道に「開拓三神」を祀るよう 詔 を出したのが始まり。当時、札幌市街の設計に着手した開拓判官・島義勇により、三方を山に囲まれ、一方は平野に開けている円山の地に社殿

本殿

を造営することが決められた。

昭和39年（1964）昭和天皇の御裁可を得て明治天皇を御増祀、現在は四柱の神を祀る。三柱は、「北海道の国魂の神」である大国魂神、『古事記』で国作りをしたとされる大那牟遅神と少彦名神。

約1,400本の桜と約250本の梅を楽しめる。パワースポットとして観光客にも人気の北海道神宮は、バードウォッチングのスポットとしても知られている。授与所で販売している梅酒「神宮の梅」、湯茶「神宮の桜」、お店の「判官さま」という焼餅も人気だ。

札幌市円山動物園　地図P6A5

札幌市中央区宮ヶ丘3番地1
☎011-621-1426
地下鉄東西線「円山公園」駅、徒歩15分。地下鉄東西線「円山公園」駅から、JR北海道バス（円15）で「円山動物園西門」下車、すぐ。又はJR北海道バス（くらまる号）で「円山動物園正門」下車、すぐ
■営業時間：3月〜10月は9:30〜16:30（最終入園16:00）、11月〜2月は9:30〜16:00（最終入園15:30）
■定休日：毎月第2、4水曜日（8月のみ第1・第4水曜日）※祝日の場合翌日。12月29日〜31日　※ほか4月と11月に不定休あり
■料金：大人800円、高校生400円、中学生以下無料

昭和26年（1951）、北海道で初めての動物園として開園。東京の「上野動物園」の移動動物園を札幌で開催し、好評を得たことがその起源。敷地面積約22万5000㎡もある全国でも有数の動物園。161種、999点の動物や鳥がいる（2020年4月末時点）。アジアゾーン、アフリカゾーン、類人猿館、エゾヒグマ館などがある。園内は、春は桜が咲き、夏は緑が美しく、秋は紅葉に染まり、そして冬の雪景色と、豊かな自然の中で四季を通して楽しむことができる。

アジアゾーンの人気アイドル「レッサーパンダ」や、迫力満点の「シンリンオオカミ」など見どころもたくさんだが、平成30年（2018）3月、「ホッキョクグマ館」がオープン。同館では国内最長となる約18mもの水中トンネルがあり、ホッキョクグマが泳ぐ姿を観察できる。水中に飛び込む姿や、水中で毛をなびかせて泳ぐ様子は迫力満点。2019年3月にはゾウ舎がオープン、親子ゾウの愛らしい姿や生態などを学ぶことができる。目の前でゾウの泳ぐ姿を見ることができる屋内水場は必見。

フクロウなどの飛翔を近くで観察できる「猛禽類のフリーフライト」や、リスザルのエサやり体験など、動物たちの行動を間近で見られる「ドキドキ体験」も毎日実施している。8月上旬には、「夜の動物園」を開催して人気である。

大倉山展望台　地図P4B4

札幌市中央区宮の森1274

☎011-641-8585（大倉山総合案内所）

地下鉄東西線「円山公園」駅から、JR北海道バス大倉山線（くらまる号）で「大倉山ジャンプ競技場」（所要15分）、徒歩10分

■**営業時間：（展望台）**4月29日〜10月31日／11:00〜18:00、11月1日〜3月31日／11:00〜17:00、4月1日〜4月28日／9:00〜17:00

　※札幌オリンピックミュージアムは、夏期9:00〜18:00、冬期9:30〜17:00

整備運休期間あり（要問合せ）

■**料金：（リフト（往復））：**中学生以上1000円、小学生以下500円

■**料金：（札幌オリンピックミュージアム）**高校生以上600円、中学生以下無料

　※リフトとミュージアムのセット料金は高校生以上が対象で1200円

　国際的な大会が数多く開催される標高約307mの大倉山ジャンプ競技場。大倉財閥二代目総帥、ホテルオークラ創業者でもある大倉喜七郎男爵が札幌市に寄贈したことから、昭和7年（1932）の開場時に「大

倉シャンツェ」と命名されたジャンプ競技場。昭和47年（1972）の冬季オリンピックに向けた大改修の際に「大倉山ジャンプ競技場」と名称が改められた。

　ジャンプ台真上の展望ラウンジへは、実際に選手も利用するリフトに乗って向かう。頂上までは、2人乗りのリフトで5分。競技がない日にはスタート地点裏にある「展望ラウンジ」からジャンパーの目線を疑似体験できる。そこでは、想像以上に急なアプローチに驚かされる。夏も水をまきながらジャンプ可能な全天候型競技場なので、ジャンパーの練習に遭遇することもある。

　展望台からは、真正面に延びる大通公園をはじめ、さっぽろテレビ塔や札幌ドーム、その奥には石狩湾や石狩平野の大パノラマが一望できる。そして、右手後方にある70m級ジャンプが開催される「宮の森ジャンプ競技場」を一望できる。

　併設の**札幌オリンピックミュージアム**は、オリンピックの精神や、冬季五輪の歴史を今に伝え、ウィンタースポーツの擬似体験コーナーも充実。スキージャンプやボブスレー滑走など、選手気分でチャレンジしてみよう。

白い恋人パーク　　地図 P4B2

札幌市西区宮の沢2-2-11-3
☎011-666-1481
地下鉄東西線「宮の沢」駅、徒歩7分
■営業時間：10：00～17：00（入館は～16：00）※ショップ・ピカデリー、キャンディ・ラボは17：00まで
■定休日：年末年始及び不定期にて営業時間の変更あり
■料金：入場は無料
　ファクトリーコース　大人600円、中学生以下300円、3歳以下無料
　プレミアムファクトリーコース　大人1500円、中学生以下1200円、3歳以下無料

　北海道のお土産の定番「白い恋人」の石屋製菓製造工程を見学できるお菓子のテーマパーク。「チョコレートピアファクトリー」では、白い恋人とバウムクーヘンなどの製造ラインをガラス越しに公開している。壁には製造工程を見守る人形があちこちにあったり、アトラクションのような雰囲気づくりだ。ほかにも、チョコレートの四

大革命をプロジェクションマッピングで紹介するコーナーや、チョコレートについて学べるコーナーなどもある。約14cmのハート型の「私の白い恋人」手作りなど、お菓子作りも体験できる。

　園内は約480㎡もの敷地があり、美しいローズガーデンや、毎正時ごとに開催される「チョコレートカーニバル」など、見所もいっぱいである。

藻岩山（もいわやま）　　地図 P4C5

札幌市南区藻岩山
市電「ロープウェイ入口」駅より無料シャトルバスで「もいわ山麓」駅。地下鉄東西線「円山公園駅」2番出口からJRバスロープウェイ線（循環円11）乗車、「もいわ山口　プウェイ」（循環円11の一部）下車、徒歩で約1分。
■営業時間：4月～11月10:30～22:00（上り最終21:30）、12月～3月11:00～22:00（上り最終21:30）、年末年始は特別営業（要問合せ）
■定休日：悪天候時
■料金：ロープウェイ＋ミニケーブルカー（往復セット）：大人1,800円、小人（小学生以下）900円

　札幌の南西にある標高531mの山。アイヌでインカルウジベ（観望するところ）と呼ばれたように、格好の展望台となっている。360°札幌の街並みを見渡せ、夜になってきらめくネオンの色はオレンジ色。街灯はナトリ

私の白い恋人お絵描きコース

からくり時計塔

ミニケーブルカー（もーりすカー）

ウム灯を利用しており、雪の降る季節の札幌でも見やすい工夫がなされている。夜景観光コンベンション・ビューローでは、2018年に長崎市・札幌市・北九州市を「日本新三大夜景」に認定している。

　また、藻岩山は山全体が原始林に覆われており、植物の宝庫でもある。410余種が群生し、国の天然記念物に指定されている。

　山頂へは観光自動車道、登山道もあるが、大きなゴンドラの**ロープウェイ**（所要約5分）と、「世界初のミニケーブルカー」が謳い文句の「**もーりすカー**」（所要2分）を乗り継いで行く。頂上からは石狩平野や石狩川、石狩湾が見渡せる。

　また、山頂展望台内に、ドーム型シアター「スターホール」と、展望レストラン「THE JEWELS」がある。

札幌市豊平川さけ科学館　地図P4D6

札幌市南区真駒内公園2-1
☎011-582-7555
地下鉄南北線「真駒内」駅から、じょうてつバスで「真駒内競技場前」（所要6分）下車、徒歩4分
■営業時間：9:15分〜16:45
■定休日：月曜（祝日の場合は翌日）、年末年始
■料金：無料

　昭和53年（1978）、豊平川に再びサケを戻そうと「カムバックサーモン運動」が起こり、昭和54年春に始まった30年ぶりの鮭の稚魚放流や水質浄化によって、昭和56年（1981）秋から再び鮭の回帰が見られるようになった豊平川。その回帰を継続させ、また、一般に鮭の生態や生息できる自然環境について理解してもらおうと、昭和59年（1984）10月に開館した。

　「本館」は展示ホールとなっており、鮭の一生、人との関わりをパネル・写真で紹介している。イトウなどサケ科20種の飼育展示も見られ、さらに、採卵孵化室、地下観察室もある。別館の「さかな館」はウグイ、ハゼなどの淡水魚やカエル、サンショウウオ、カメなど、豊平川や札幌市内で見られる水辺の生き物、約30種類を展示している。

　屋外かんさつ池では、イトウやサケの仲間のエサやり体験ができ、10月初旬〜11月下旬にはサケの産卵行動であるメスが穴を掘る様子や、オス同士のけんかなどが観察できるかも。

さっぽろ羊ヶ丘展望台　　地図P5E6

札幌市豊平区羊ヶ丘1番地
☎011-851-3080
地下鉄東豊線「福住」駅より「羊ヶ丘展望台」
行きバス約10分
■営業時間：9：00～17：00
■定休日：年中無休
■料金：大人530円、小・中学生300円

　昭和34年（1959）、北海道農業試験場の一角に誕生した「羊ヶ丘展望台」は、眼下に広大な牧草地と石狩平野を眺める景勝地にある。羊たちが草原で牧草を食む姿が愛らしく、四季折々の自然景観が楽しめる場所となっている。

　春は若草色の牧草など爽やかな緑が美しく、夏は紫色のラベンダー畑が盛況で「ラベンダー刈り取り体験」イベント（7月）も開催される。秋は紅葉、冬（1月から3月初めまで）は真っ白な雪原となり、「羊ヶ丘展望台」は雪と遊べる「羊ヶ丘ス

ノーパーク」に変わる。足湯施設や北海道名物のジンギスカンを味わえる飲食店もあり、ゆっくりと過ごすことができるスポットだ。

　北海道開拓の父、ウィリアム・スミス・クラーク博士（William Smith Clark、1826～1886）の像が有名で、右手を掲げる姿は、「Boys, be ambitious.（青年よ、大志を抱け）」と叫んでいるのだという。博士の来道100年（北海道大学開基）、アメリカ合衆国建国200年にあわせて、昭和51年（1976）4月16日に建立された。この日は島松で博士が別れの言葉（Boys, be ambitious.）を紡いだ日でもある。

　像の台座には「大志の誓い」を投函することができる。用紙を購入し叶えたい夢や希望、思いを認めると、「誓い」を投函した年月日と氏名があれば、後年、過去の自分の「大志の誓い」を読むことができる。貴方も、未来に思いを巡らせてみよう。（保管料として1枚100円）

札幌ドーム　　地図P5F5

札幌市豊平区羊ケ丘1番地
☎011-850-1000（代表）　011-850-1020
（展望台・ドームツアー運営担当）
地下鉄東豊線「福住」駅、3番出口から徒歩約10分
■利用料：イベント・施設により異なる
　ドームツアー10：00～16：00（1時間毎にスタート）、高校生以上1,050円、中学生以下550円
　展望台10：00～17：00、高校生以上520円、小・中学生320円、4歳以下無料
　ドームツアー／展望台共通券もある。
　※新型コロナウィルスの影響により、ドームツアーは当面休止中（2020年8月現在）

　「北海道日本ハムファイターズ」と「北海道コンサドーレ札幌」の本拠地として利用されている札幌ドーム。世界初の「ホヴァリングシステム」を導入し、重さ8,300tのサッカーステージを空気圧で7.5cm浮かせ、人工芝の野球モードから天然芝のサッカーモードへ転換することができる。「ラグビーワールドカップ2019™日本大会」の試合会場としても利用された。
　イベントがない日はドーム展望台（有料）

や3Fコンコース（無料）から転換作業の見学が可能。国内唯一のドーム展望台では、53mの高さから壮大なアリーナの全景を見下ろすとともに、札幌市街も一望できる大パノラマが楽しめる。ドームツアーまたはドーム展望台の半券の提示で、さっぽろテレビ塔やさっぽろ羊ヶ丘展望台などの市内観光施設が割引される。札幌ドーム遠征の際には札幌市内の観光も併せて楽しんでみよう。

サンピアザ水族館　　地図P5H4

札幌市厚別区厚別中央2条5丁目7-5
☎011-890-2455
地下鉄東西線・JR線「新さっぽろ（札幌）」駅、徒歩3分
■営業時間：4月～9月は10:00～18:30、10月～3月は10:00～18:00
■定休日：年中無休
■料金：高校生以上1,000円、子ども（3歳～中学生）400円

　街中で、ショッピングや食事と一緒に水族館見学を楽しめるのが魅力だ。北海道の周囲の海からサンゴ礁が生息する南の海まで、広いエリアの海水魚や甲殻類、珍しい淡水魚などを展示。その数、飼育生物の数は約200種、約10,000点。
　愛くるしい動きで人気を集めるゴマフアザラシやペンギン、コツメカワウソの他に、流氷の天使と称されるクリオネもいる。毎日実

施される「魚のサーカスショー」では餌を食
べる時に最大800V以上を発電する「デン
キウナギの発電実験」「アザラシの餌付け」
のほか、日曜や祝日には約1,500匹の魚が
泳ぐ回遊水槽での「マリンガールの餌付け
ショー」「ウラ側探検隊」もある。

札幌市青少年科学館　地図P5H4

札幌市厚別区厚別中央1-5
☎011-892-5001
地下鉄東西線・JR線「新さっぽろ（札幌）」駅、
1番出口すぐ
■**営業時間**：5月～9月は9:00～17:00、10月
～4月は9:30～16:30（入館は30分前まで）
■**定休日**：月曜（祝日の場合開館）・毎月最終
火曜・祝日の翌日・年末年始
■**料金**：展示室700円・プラネタリウム500円・
セット1,000円（中学生以下無料）

　科学を体験しながら学べる理工系の博
物館。宇宙冒険の疑似体験など約200点
のうち、積雪寒冷地ならではの展示、雪が
降る神秘的な様子を見学できる人工降雪

装置や、樹氷やつらら、南極の氷が見ら
れる低音展示室は必見。1階にはドーム直
径18m、約一億個の星を映し出すプラネ
タリウム、2階「天文・地球科学コーナー」
では、北半球の衛星写真が巨大なドーム（直
径約20m）に描かれ、ボタン1つで地中
から宇宙まで一気に移動する疑似体験が
できる「地球エレベータ」も人気だ。3階
の視覚と平衡感覚のズレを体感することが
できる「ななめの部屋」や「静電光あそび」
もおもしろい。

　青少年科学館では、プラネタリウムやサ
イエンスショーが毎日開催され、隣接する
サンピアザ水族館との共通割引券もある。

北海道博物館　　地図P5H4

札幌市厚別区厚別町小野幌53-2
☎011-898-0466
JR線「森林公園」駅、東口のりばよりジェイ・
アール北海道バス新22「開拓の村行き」に乗車
（約5分）、「北海道博物館」で下車
■**営業時間**：5月〜9月は9:30〜17:00、10月
〜4月は9:30〜16:30（入館は30分前まで）
■**定休日**：月曜（祝日の場合翌平日）・祝日の
翌日・年末年始・他
■**料金**：一般600円、大学・高校生300円、中
学生以下無料（総合展示室）

アイヌ文化の世界

　北海道の自然・歴史・文化を紹介する北海道立の総合博物館。総合展示では北海道の歴史を120万年前からたどる展示や、北海道をはじめ、サハリン（樺太）、千島列島などを生活の舞台として、さまざまな文化をはぐくんできたアイヌ文化の展示、海や大地の恵みを活かした数々の名産品や生き物の展示など5つのテーマに分けて北海道を紹介する。また、さらに内容を深めた特別展示や定期的に資料や話題を入れかえるクローズアップ展示なども行われており、研究者の最新の研究結果や収集した資料が見学できるようになっている。学校団体向けには体験型学習プログラムも組まれており、予約すればより深く当館の展示を理解できる。

北海道開拓の村　　地図P5H4

札幌市厚別区厚別町小野幌50-1
☎011-898-2692
JR線「森林公園」駅、東口のりばよりジェイ・
アール北海道バス新22「開拓の村行き」に乗車
（約11分）
- ■営業時間：9：00〜16：30（10月〜4月）、9：
00〜17：00（5月〜9月）※入村は30分前まで
- ■定休日：月曜（祝日の場合翌日）、年末年始
　※5月〜9月は無休
- ■料金：一般800円、大学・高校生600円、中
学生以下無料

　明治から昭和初期にかけて建築された
北海道各地の建造物を54.2haの敷地に
移築復元・再現した野外博物館。

　村内は官庁街・商店街・職人街・住宅街
から構成される「市街地」、駅逓所・屯田
兵屋などの北海道独特の建造物がある「農
村」、ニシン漁で繁栄していた時期に建て
た住宅がある「漁村」、木材搬出のための
森林鉄道機関庫がある「山村」の4群に
分かれ、開拓当時の暮らしを再現している。

　旧小樽新聞社・旧開拓使札幌本庁舎、
近代文学作家有島武郎の小説「生れ出づ
る悩み」にも登場する旧有島家住宅などが
建ち並び、明治時代にタイムスリップした
気分になる。

　村内を馬車鉄道、冬は馬そりが走り、
観光客の人気を集めている。また、伝統
遊具作りなどの体験学習もできる。

森林鉄道機関庫

旧開拓使札幌本庁舎

旧藤原車橇（そり）製作所

旧山本理髪店

モエレ沼公園　地図P5F1

札幌市東区モエレ沼公園1-1
☎011-790-1231
地下鉄東豊線「環状通東」駅より、中央バスで
「モエレ沼公園東口（西口）」（所要25分）下
車、すぐ
■**営業時間**：7:00〜22:00（入園は21:00まで。
　※各ゲートにより異なる）
■**定休日**：無休（但し、園内各施設はそれぞれ
　休業日あり）
■**料金**：入園無料

豊平川（または石狩川）の河跡湖である
モエレ沼につくられた総合公園。世界的な
彫刻家イサム・ノグチが基本設計を手掛け
ている。かつてはゴミの埋め立て地であっ
たが、ノグチは「人間が傷つけた土地をアー
トで再生する。それは僕の仕事です。」と
計画に参加したという。270万tの廃棄物
の上に造成された約1.89km²の都市公園
は、23年の歳月を経て平成17年（2005）
に札幌を代表するアートパークとして再生
された。

公園のランドマークは人工の山「**モエレ
山**」。3方向5ルートから山頂へ登る階段があ
り、直線的な階段のほか、螺旋を描きな
がら緩やかに登る階段もある。札幌市東区
唯一の山で、東区の最高点（高さ52m・標
高62.4m）でもある。公園全体を見渡せる
展望山といえるだろう。

ガラスのピラミッド「HIDAMARI」

一際目を引くのは、中央東側沿いにあ
る**ガラスのピラミッド「HIDAMARI」**。高さ
約32mの三階建で、延床面積5,328m²
を1,113枚のガラスで覆っている。内部は、
屋外の天気等が反映され、夏は美しい緑
や青空、冬には一面の雪の風景の美しさ
を建物の中で感じる事が出来る。おすす
めは夕焼けが映る夕方の時間帯。グラデー
ションに染まる空がガラスに映り、芸術的
な記念写真が撮れるだろう。館内にはギャ
ラリーやテイクアウトショップ、フランス料
理レストラン、展望台などがある。

また、公園の中央にある、最大25mま
で水が噴き上がる「**海の噴水**」も注目。「海
の嵐」や凪を表現するダイナミックな水の
動勢は「水の彫刻」と呼ぶにふさわしく、
公園全体に生命の息吹を吹き込むかのよう
だ。1日3〜4回、40分のロングプログラ
ムと15分のショートプログラムがあり、夜
にはライトアップもされる。（6月〜8月のみ）

公園は「全体を一つの彫刻に見立てる」
というノグチの構想により、幾何学形態を
多用した山や噴水、遊具などの施設が整
然と配置されている。春は桜、夏はモエレ
ビーチがオープンし、秋はカラマツが黄葉、
冬はクロスカントリースキーやソリ遊びなど
四季の変化に合わせた楽しみ方ができる、
自然とアートが融合する美しい空間になっ
ている。

ポロト湖
伝統的コタン
工房
チキサニ広場
国立アイヌ民族博物館
体験学習館
エントランス棟
体験交流ホール
歓迎の広場
いざないの回廊
※イメージです

ウポポイ（民族共生象徴空間） 地図P1

　先住民族アイヌの文化の復興と発展、国民理解促進の拠点として令和2年(2020)7月に開業した施設。民族名称である「アイヌ」という言葉は、「人間」などを意味するアイヌ語。「ウポポイ」はアイヌ語で「（おおぜいで）歌うこと」を意味する。

　ウポポイの主要施設は**国立アイヌ民族博物館**、国立民族共生公園、慰霊施設の3つに分れている。

　国立アイヌ民族博物館は、アイヌ民族の誇りが尊重される社会を目指し、多くの人にアイヌの歴史や文化を伝え、アイヌ文化を未来につなげていくために設立された。博物館では約700点の民族衣装や工芸品、解説パネルを用いて、「ことば」、「世界」、「くらし」、「歴史」、「しごと」、「交流」の6つのテーマ展示でアイヌ民族について紹介する常設の基本展示室や、その文化を大画面映像で分かりやすく紹介するシアター、アイヌを取り上げた書籍を中心に取り扱うライブラリなどを通じてアイヌ文化への理解が深められる場所となっている。

国立アイヌ民族博物館

体験交流ホール

　国立民族共生公園は、ユネスコ無形文化遺産に登録されている「アイヌ古式舞踊」やムックリ（口琴）・トンコリ（五弦琴）の楽器演奏を披露する体験交流ホールや、アイヌの伝統的な生活空間を体感できるチセ（家屋）群が再現されたコタン（集落）

から成る。他にもアイヌ料理の調理や試食、楽器の製作体験ができる体験学習館や、工芸品に関する解説や実演が行われる工房など、アイヌの文化を五感で感じることができる体験型フィールドミュージアムとなっている。

他にもショップ・レストランを備えたエントランス棟などもあり、学校団体向けには学習プログラムも行っている。

体験学習館

※2020年8月現在、新型コロナウイルスの影響で一部体験を休止しております。

チセ外観「伝統的コタン」

慰霊施設

アイヌ民族とは

古くから東北地方北部、北海道、サハリン南部、千島列島に暮らしてきた先住民族。独自の言語「アイヌ語」を用い、森羅万象あらゆるものをカムイ（神）と考えている信仰や、儀礼、特有のアイヌ文様に代表される豊かな文化を発展させてきた。狩猟採集のほか、畑で穀物や野菜を育て、毎年秋に川をのぼるサケを重要な食料の一つとしていた。一方で東北地方や大陸との交易も盛んに行っており、動物の毛皮などと、絹織物や金属製品などを周辺民族と取引していた。

しかし江戸時代からの松前藩による支配や、明治2年（1869）に新政府は蝦夷地を北海道と改め、日本の一部として統治と開拓をし、アイヌ独自の生活習慣を禁じ日本語を強制し、サケやシカをとることを禁じた「同化政策」により、その後多くの苦難

を歩んできた。

そうした中でも衣服や道具、伝統舞踊などアイヌの文化は脈々と受け継がれ、それを学び伝える活動が近年活発になっている。平成31年（2019）には、法律に初めてアイヌ民族を「先住民族」と位置付けた新法「アイヌの人々の誇りが尊重される社会を実現するための施策の推進に関する法律」が制定された。

ここが注目！国立アイヌ民族博物館！

6つのテーマで構成される基本展示室

プラザ展示
6つのテーマの代表的な資料が一堂に会する展示。時間に限りがあってもアイヌ文化の概略と優れた芸術性が理解できる展示となっている。

●私たちの歴史
地図と年表が連動する「ヒストリーウォール」でアイヌ民族の出来事を紹介する。現在まで続くアイヌの歴史とその足跡を取り上げている。

●私たちのしごと
狩猟、漁撈、採集、農耕といった伝統的な生業を道具や仕組みを用いて紹介している。そこから現在を生きるアイヌの人々の仕事を通じて、伝統文化が形を変えて現代までつながっていることを学べる。

●私たちのくらし
衣食住をはじめ音楽や舞踊、子どもの遊びなどのアイヌ文化の特色や地域差をさまざまな資料やAR技術を通して紹介する。実際の織機を展示するなど、文化伝承に携わる人々の取り組みも展示する。

```
          私たちの歴史
私たちの          私たちの
のくらし  探究展示    探究展示  しごと
        プラザ展示
私たちの   私たちの      私たちの
の世界    ことば      交流
              探究展示
        導入展示
```

●私たちの交流
アイヌ民族とまわりの民族との過去から現在までの交流を、交易品などを通じて学ぶことができる。

●私たちの世界
カムイ（神）の考え方、自然観、死生観などアイヌの精神文化について紹介する。イオマンテ（霊送り儀礼）などさまざまな儀礼に関わる諸道具を展示し、アイヌの世界観にふれる。

●私たちのことば
アイヌ語とはどのような言語なのか。さまざまな物語、地名や現在の取り組みなどを紹介。いろり端に座っているような気分でアイヌ語での語りを聞くことができるコーナーや、アイヌ語の仕組みや発音をゲーム感覚で知ることができるコンテンツがある。

●探究展示 テンパテンパ
6つのテーマに即した体験スペースがあり、基本展示の理解を深めるとともに、より探究的にアイヌ文化を知るための展示となっている。
※新型コロナウイルスの影響で2020年8月現在運用停止中

国立アイヌ民族博物館

●開館時間
9時〜18時（土日祝・夏休み期間は〜20時）
※11月〜3月は9時〜17時
※入館は30分前まで
※変更の場合あり。HP要確認

●入館料
無料（ウポポイ入場料が必要）
●入場について
新型コロナウイルス感染拡大防止のため、観覧希望者はウポポイへの入場日の予約とは別にオンラインによる入場日時の予約が必要（2020年8月現在）

学校団体向けプログラム

※参加方法はウポポイHPの学校団体予約ページより予約

※写真はイメージです

●はじめてのアイヌ博
はじめて国立アイヌ民族博物館に来館する児童生徒のための、初歩的なアイヌの歴史と文化について学習するプログラム
【場所】国立アイヌ民族博物館
【時間】予約時間に応じて実施
　所要レクチャー30分+展示自由観覧
【対象人数】小学3年生以上
　最大150名
【料金】無料

●ムックリ演奏体験
アイヌの口琴ムックリの音色に触れながら、演奏を体験
【場所】体験学習館
【時間】予約時間に応じて実施
　所要30分
【対象人数】小学校高学年以上
　最大300名
【料金】800円（税込）

●食事体験
アイヌの食材や調理法についての解説とともに、実際に料理を味わい、暮らしの知恵を学ぶ
【場所】体験学習館
【時間】予約時間に応じて実施
　所要50分
【対象人数】小学生以上
　最大300名
【料金】1100円（税込）

●伝統芸能上演
「シノッ　～アイヌの歌・踊り・語り～」
伝統的な歌や踊り、楽器演奏等を幅広く紹介。最新の映像技術や北海道の美しい映像も取り入れた演出により、アイヌの世界観や自然観を体感
「イノミ　～アイヌの祈り・歌・踊り～」
伝統儀礼「イヨマンテ」を軸にしたストーリー性のある舞踊と映像を通じて、アイヌの世界観やカムイとの関係性を表現。過去からの伝承を未来につなぐことを目指す創作プログラム。

【場所】体験交流ホール
【時間】HP要確認　　上演20分
【対象人数】小学生以上　最大300名
【料金】無料

団体予約受付センター　お問い合わせ　　TEL:011-206-7427（受付時間:平日9時～17時）

●アクセス
JR札幌駅から特急列車利用（約65分）→JR白老駅下車、徒歩10分
札幌北ICから高速道路利用で約65分
●開園時間
9時～18時（土日祝は～20時）
※11月～3月は9時～17時
※入園は閉園1時間前まで
※博物館は閉園30分前まで
※変更の場合あり。HP要確認

●住所
北海道白老郡白老町若草町2丁目
●料金
大人　　（一般）1200円　（団体）960円
高校生　（一般）600円　　（団体）480円
中学生以下　無料
※総人数20名以上で団体料金
●入場について
新型コロナウイルス感染拡大防止のため、入場の予約制を導入しています。（2020年8月現在）

あとがき

　150年余り前、明治新政府が誕生してから北海道は大きな変革の時を迎えました。インフラ整備や工場建設、学校設置などが進められ、集団移住者と屯田兵による開拓を推進したのです。これにより北海道の産業は大きく発展し、現在の札幌市人口は約197万人と日本でも有数の大都市となりました。

　一方でその発展の影には、先住民であったアイヌ民族の苦難の歴史があった事も記憶し続けなくてはいけません。本書を編集した令和2年（2020）は、アイヌ文化の復興・発展のためのナショナルセンターである白老町の「ウポポイ（民族共生象徴空間）」が開業した年であり、北海道の歴史と文化を学んで頂く良い機会であると考え企画しました。

　広大な北海道のほんの一部ですが、県庁所在地であり学習・見学施設が豊富な札幌中心部と、ウポポイ（民族共生象徴空間）を収録しております。北海道を学ぶ教育旅行の一つのツールとしてお使い頂ければ幸いです。

　最後になりましたが、新型コロナウイルス感染症（COVID-19）の影響を受けている最中、快く写真をご提供を頂きました各施設・各団体様に厚く御礼申し上げます。

写真協力
一般社団法人 札幌観光協会　公益財団法人 アイヌ民族文化財団　株式会社 札幌ドーム
国立大学法人 北海道大学

観光問合わせ先
一般社団法人 札幌観光協会　　☎ 011-211-3341
北海道さっぽろ観光案内所　　☎ 011-213-5088
大通公園観光案内所　　☎ 011-211-2376

散策＆観賞札幌市内編＋ウポポイ

第1版第1刷　　定価　本体400円＋税

発行日　　　　2020年10月1日
編集スタッフ　ユニプラン編集部
デザイン　　　岩崎宏
発行人　　　　橋本良郎
発行所／株式会社ユニプラン
〒 601-8213 京都府京都市南区久世中久世町 1-76
TEL. 075-934-0003
FAX. 075-934-9990
振替口座／ 01030-3-23387
印刷所／株式会社プリントパック
ISBN978-4-89704-512-2　C2026